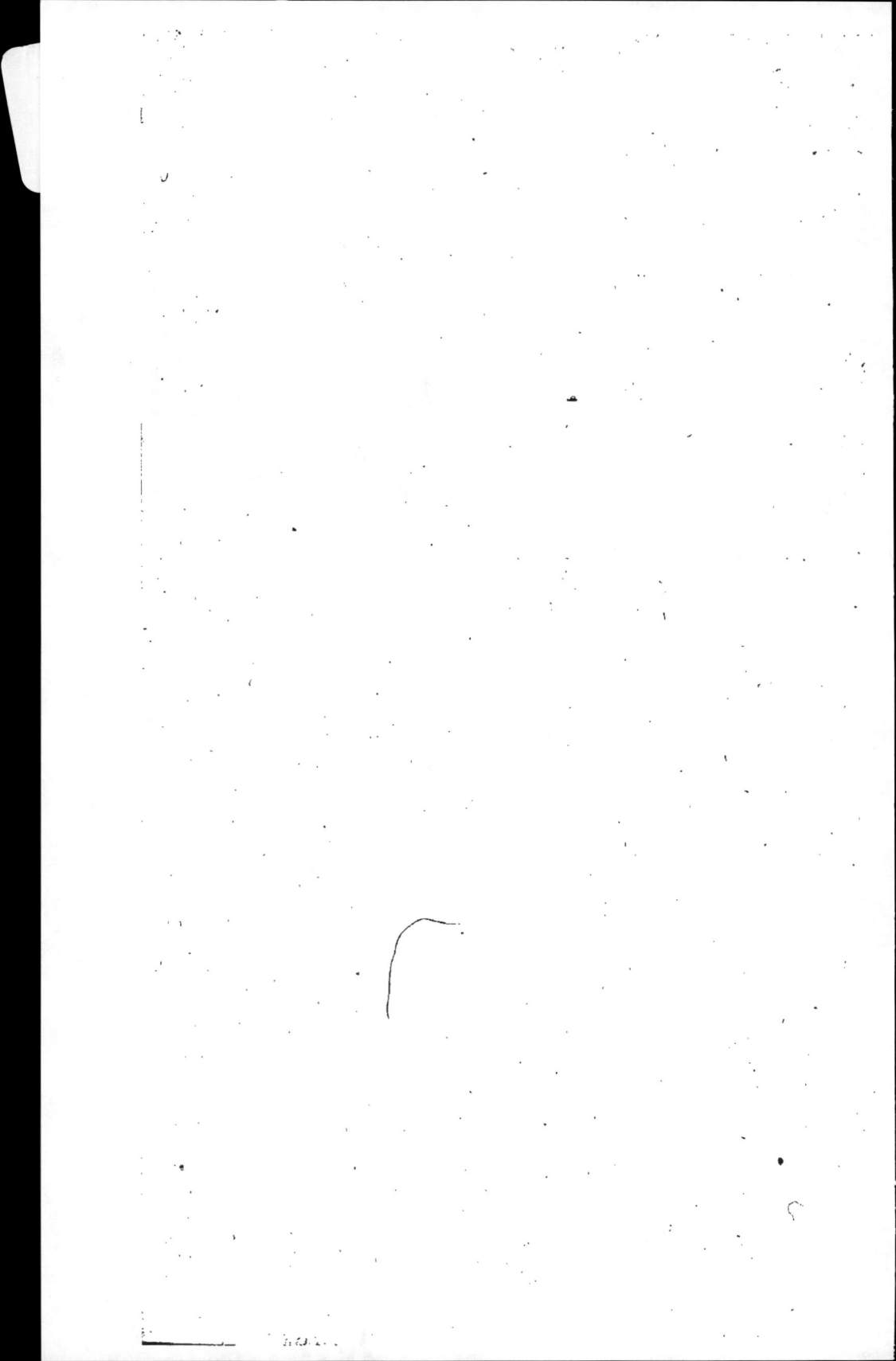

LIBERTÉ DE LA PRESSE.

I

LETTRES

A

M. DE PERSIGNY

MINISTRE DE L'INTÉRIEUR

PAR

CHARLES-LOUIS CHASSIN.

> ... N'oubliez pas que plus le pouvoir *discrétionnaire* de l'administration sur la presse est *exceptionnel !* plus il doit être dirigé *avec une scrupuleuse loyauté*... Que vos actes ne s'abritent donc point derrière cette protection, mais *qu'ils soient, au contraire, exposés,* COMME LES MIENS, *à la discussion publique*...
>
> (*M. de Persigny aux Préfets.*)

PARIS

H. DUMINERAY,
78, RUE RICHELIEU.

PAGNERRE,
18, rue de Seine.

1861

LETTRES

A M. DE PERSIGNY.

I

Un homme d'Etat de l'un des anciens régimes a dit :

« Nous ne nous servons point des libertés que nous avons. »

Ce à quoi beaucoup ont répondu :

« Quelles libertés avons-nous? »

A cette question, d'une gravité capitale, chercher une réponse, non pas théorique, mais pratique, la chercher au moyen d'expériences personnelles, tel est le devoir de tout citoyen qui s'intéresse à ses propres droits, aux droits des autres et aux progrès de son pays.

Parler, écrire, c'est bien, mais ce n'est pas

assez. Il faut agir, car il n'y a que l'action qui prouve la vérité de la parole, la logique de l'écrit.

Discutons donc pour élargir le cercle théorique des libertés dont nous pouvons et devons jouir. Mais essayons d'utiliser le mieux possible les libertés que les malheurs des temps ne nous ont pas ravies, surtout prenons garde de laisser périr, faute d'usage, celles que l'on nous propose.

L'indifférence en matière politique est le signe d'une irrémédiable décadence. L'*abstention* est un cercle dans lequel peut se placer et mourir un héros, mais où un peuple tel que le nôtre, d'une extrême mobilité, sans patience ni logique, ne se laissera jamais enfermer.

Telle est, du moins, mon opinion, et je la sais partagée par un très-grand nombre de citoyens, qu'ont éclairés les expériences diverses qu'ils ont pu faire depuis le 2 décembre 1851 jusqu'au 24 novembre 1860.

II

Le 12 décembre dernier, la lettre suivante a été portée au ministère de l'intérieur :

DEMANDE EN AUTORISATION DE JOURNAL.

A Son Excellence M. le comte de Persigny,
ministre de l'intérieur.

Monsieur le Ministre,

Dans la très-importante circulaire que vous avez tout récemment adressée aux préfets, vous dites :

« Que les abus dans la société et dans le
» gouvernement soient mis au jour, que les
» injustices soient révélées, que le mouvement
» des idées, des sentiments et des opinions
» contraires vienne éveiller partout la vie so-
» ciale, politique, commerciale et indus-
» trielle, qui pourrait raisonnablement s'en
» plaindre? »

Vous dites encore :

« Je ne consulterai aucune convenance
» particulière, de quelque part qu'elle se pro-
» duise, dans les résolutions que j'aurai à
» prendre dans le but de favoriser sans cesse
» davantage, dans notre pays, l'acclimatation,
» si je puis ainsi dire, des habitudes de libre
» discussion. »

Enfin, exprimant combien vous avez été
ému par le « beau spectacle » de la liberté
presque illimitée dont jouit la presse en An-
gleterre, vous n'hésitez pas à reconnaître que
cette noble franchise de la pensée, « utile à
» tous les partis, invoquée, respectée de tous,
» forme la plus sûre garantie des libertés pu-
» bliques, de l'ordre et de la prospérité du
» pays. »

En conséquence, Monsieur le Ministre, sans
être appuyé, sans désirer même être appuyé
par personne, entendant user purement et
simplement de mes droits de citoyen, tels
qu'ils se trouvent établis par les principes de
1789, sur lesquels la Constitution actuelle est
fondée ; et tenant à coopérer pour ma faible
part et celle de jeunes écrivains qui voudront
bien devenir mes collaborateurs à « l'acclimatation des habitudes de libre discussion »,
je profite des libérales intentions que vous
venez d'exprimer pour vous demander l'autorisation de créer un nouveau journal, des-
tiné non-seulement à dénoncer les abus et les
injustices, mais surtout à rechercher les amé-
liorations politiques et sociales, matérielles et
intellectuelles, grâce auxquelles la France

n'aurait plus rien à envier à aucun pays du monde.

Ce journal, Monsieur le Ministre, paraîtrait une ou deux fois par semaine et serait intitulé :

LA NATION.

Sa politique générale aurait pour principes :

La souveraineté du peuple;

La liberté et l'égalité conciliées.

A l'intérieur, il devrait donc appuyer tout ce qui assure et étend la liberté civile, sociale, politique et religieuse, tout ce qui peut rendre de plus en plus effective l'égalité devant la loi. Recherchant avec calme et persévérance les moyens propres à faire monter chaque individualité du peuple souverain à la hauteur de la mission que le suffrage universel impose à l'électeur comme à l'élu, ce journal se préoccuperait : d'une part, de l'amélioration matérielle du sort du plus grand nombre, sans s'asservir à aucun système économique, à aucune école socialiste quelconque; —

d'autre part, de l'élévation progressive du niveau intellectuel et moral des masses, au moyen de l'instruction et de l'éducation, régénérées, sur des bases exclusivement démocratiques, c'est-à-dire en dehors des méthodes et des idées du moyen-âge.

A l'extérieur, LA NATION appuierait vigoureusement toute politique conforme à la tradition de la Révolution française, intéresserait tous les peuples, tous les opprimés, aux progrès et à la propagation de notre démocratie libérale; sympathique à toutes les nations libres, elle s'étudierait à apaiser les haines et les jalousies conçues ou excitées, chez certaines d'entre elles, contre notre patrie. Elle appuierait avec enthousiasme l'affranchissement des nationalités et viserait à la constitution d'une Europe démocratique où les peuples, égaux et libres, vivraient dans un fraternel accord. Poursuivant universellement l'application des grands principes par lesquels, depuis plus d'un demi-siècle, la France se régénère, elle attaquerait en tout lieu l'inégalité civile et religieuse, la violence politique et l'injustice sociale; condamnant le servage des blancs aussi bien que l'esclavage des

noirs, elle se dirigerait par les voies théori-
ques et pratiques vers le but suprême de la
démocratie, de la civilisation : l'unité harmo-
nique du genre humain.

Dans ce programme, quelque avancé qu'il
soit, il n'y a, ce me semble, rien de contraire
à « cette généreuse politique qui, comme vous
dites, Monsieur le Ministre, tend à la récon-
ciliation et à l'union de toutes les intelligences
du pays. » La possibilité de sa réalisation
permettrait aux jeunes intelligences françaises
qui n'ont point trouvé place dans le très-petit
nombre des journaux indépendants d'aujour-
d'hui, de se grouper demain, en dehors de
tout parti, de toute coterie, sur le terrain de
la légalité actuelle, et d'entreprendre pacifi-
quement la conquête de l'avenir.

C'est précisément, Monsieur le Ministre,
pour attester que ce n'est point un parti du
passé qui cherche à obtenir par surprise l'autorisation de se réorganiser dans un journal,
que j'ai tenu à vous adresser, sans prendre
avis de personne et à mes risques et périls,
cette humble requête. Né en février 1831, je
ne suis pas assez âgé pour avoir joué un rôle

quelconque dans nos discordes civiles, et si mes obscurs ouvrages et mes articles dispersés à travers les revues et journaux parisiens, témoignent du libéralisme de mes opinions, aucun acte de ma vie ne peut prouver que je ne suis pas maître de moi-même et libre de me conduire d'après les seules inspirations de ma conscience.

J'ai donc tout lieu d'espérer que l'obscure personnalité du pétitionnaire n'est point de nature à vous empêcher, Monsieur le Ministre, d'autoriser la création du journal politique et littéraire LA NATION.

Que Votre Excellence daigne agréer le très-respectueux hommage de ma considération distinguée.

CHARLES-LOUIS CHASSIN.

III

A cette demande, je n'avais reçu, le 12 janvier, aucune réponse, pas même un simple accusé de réception. Persuadé que la publicité, *en tout et pour tout*, est la condition *sine quâ non* de la dignité du citoyen et du libéralisme du gouvernement, je crus devoir réclamer à la direction d'un journal qui me compte parmi ses collaborateurs l'insertion d'une nouvelle pétition, destinée à rappeler la première à l'attention de M. le Ministre de l'intérieur.

Cette insertion m'a été refusée en ces termes :

« Paris, 16 janvier 1861.

» M. X... ne me dit qu'aujourd'hui qu'il
» lui est impossible d'insérer les lettres que
» vous lui adressez. La question de principe
» a été largement débattue par lui, par Y...,
» par d'autres, au.....; quant à l'applica-
» tion, il ne croit pas pouvoir entrer dans la
» voie des personnalités, parce qu'infaillible-
» ment cela le mènerait trop loin. M. Emile Olli-
» vier s'est vu, dit-on, refuser avant-hier une
» autorisation qu'il demandait. Rien ne l'em-
» pêcherait de nous envoyer également une
» lettre, et il est à prévoir que son exemple
» ou le vôtre serait suivi par tous ceux que le
» gouvernement ne favorise pas d'une réponse
» affirmative. M. Ollivier, d'ailleurs, portera
» sans doute la question devant le Corps

» législatif, et elle sera là mieux et plus direc-
» tement débattue qu'autre part...

  » De moi personnellement, recevez l'assu-
» rance de la plus profonde estime.

» Z... »

A cela, j'aurais pu répliquer et je réplique :

Que M. Ollivier porte la question devant le Corps législatif, rien de mieux, et l'éminent député est sûr d'obtenir l'approbation et l'appui de quiconque en France s'intéresse à la liberté de la presse ;

Mais si, en attendant, les journaux inséraient ou tout au moins mentionnaient les *demandes en autorisation de journal* adressées au Ministre de l'intérieur, acceptées, rejetées ou non répondues, n'instruiraient-ils pas beaucoup mieux le public qu'en édifiant dans les nuages des théories dont le moindre défaut est d'avoir été conçues il y a plus de cent ans et plus franchement exposées mille et mille fois sous les dix ou onze régimes dont notre pays a joui depuis 1789 ?

Le public, en masse, ne comprend que les réalités, et il n'y a rien d'aussi réel que les personnalités. Les théories à allusions sont des bulles de savon ; on les regarde naître, s'envoler ; elles disparaissent, on ne s'en souvient plus.

Il en est autrement de *ce que fait* un citoyen. L'acte reste dans la mémoire, même s'il n'est point imité, et la liberté ne se mesure qu'à l'usage que l'on en peut faire et non au droit que l'on dit avoir d'en user.

En publiant cent demandes en autorisation de journal, vous prouveriez qu'il est au moins cent citoyens en France qui voudraient pratiquer la liberté de la presse ; et le gouvernement, qui lui-même vous a invité à critiquer tous ses actes, n'échapperait pas à ce dilemme, posé sans le moindre danger *d'aller trop loin*, puisqu'il se poserait tout seul, sans qu'il fût nécessaire d'en avertir les lecteurs de votre feuille :

Les cent demandes étant accordées, l'univers entier serait obligé de reconnaître que la presse est plus libre en France aujourd'hui qu'hier ;

Les cent demandes rejetées, personne ne pourrait admettre que les théories anglaises de M. de Persigny aient reçu leur application ;

Enfin si, parmi ces cent demandes, quelques-unes étaient rejetées, quelques autres accordées, — d'après les seuls noms des pétitionnaires et l'exposé des principes que lesdits pétitionnaires auraient désiré défendre et propager, — le public serait mis à même de décider si le gouvernement a eu raison ou tort de répondre favorablement ou défavorablement à ceux-ci ou à ceux-là.

En ce qui me concerne personnellement, je suis beaucoup moins avancé que M. Neff-tzer, qui a obtenu la faveur de fonder le *Temps*, ou que M. Emile Ollivier, qui, selon le secrétaire de la rédaction du X... et selon le correspondant de l'*Indépendance belge*, ne peut créer le *Suffrage universel* ou le *Parlement ;* que M. Leymarie lui-même, qui a son autorisation le matin et ne l'a plus le soir ; à peine sais-je si ma demande a été lue et si elle obtiendra jamais l'honneur d'une réponse quelconque.

C'est pourquoi je réitère ma demande, non dans un journal, puisque M. Y... a peur *d'aller trop loin*, mais dans une brochure, où il m'est permis d'aller jusqu'où je veux. aller.

On a lu ces derniers jours, — le 24 janvier, —dans le *Moniteur* :

« Nous vivons sous un régime de liberté,
» réglé par des lois. Ces publications (les bro-
» chures) sont placées sous l'empire du droit
» commun, et ne sont assujetties qu'à la for-
» malité du dépôt. Cet état de notre législa-
» tion, en matière d'imprimerie, laisse à l'i-
» nitiative individuelle la plus complète liberté
» pour toutes les publications non périodi-
» ques. »

En attendant que je recherche s'il est possible de profiter de « cet état de notre législa-
tion, » pour exprimer sur les événements
quotidiens *impériodiquement et individuel-
lement*, des opinions *non autorisées* à se
produire *collectivement et périodiquement*,
je me hâte d'user des insignes franchises de
la brochure pour adresser et faire parvenir
sûrement une seconde lettre à M. le Ministre
de l'intérieur.

IV

RAPPEL

D'UNE DEMANDE EN AUTORISATION DE JOURNAL.

A Son Excellence M. le Comte de Persigny,
Ministre de l'Intérieur.

Monsieur le Ministre,

Le 12 du mois de décembre de l'année dernière, j'ai eu l'honneur de déposer moi-même en votre hôtel et à votre adresse *personnelle* une lettre contenant :

1° Une pétition à l'effet d'obtenir l'autorisation de fonder un nouveau journal, intitulé LA NATION ;

2° Le programme de la politique intérieure et extérieure dont ledit journal deviendrait l'organe.

Personne ne m'ayant accusé réception de cette lettre, je me vois obligé de vous prier de me faire savoir si elle a, ou non, obtenu la faveur de passer sous vos yeux.

Pour excuser mon importunité, je ne vous dirai pas, Monsieur le Ministre, qu'il importe à de graves intérêts privés qu'une réponse quelconque me soit donnée. Ayant à vous prouver *par l'évidence* que je suis et entends rester absolument indépendant, je n'ai voulu réunir autour d'une probabilité ni capitalistes, ni collaborateurs. Même je tiens d'une manière essentielle à ce que les forces intellectuelles et matérielles, nécessaires à la création du nouveau journal, soient groupées uniquement sur la base du programme contenu dans ma pétition ; c'est-à-dire qu'elles proviennent, non d'un parti, à l'avance formé, mais *du public*, dans toute *la généralité* que ce mot comporte.

Par conséquent, Monsieur le Ministre, quelle que doive être votre réponse, elle pourra susciter des intérêts ; elle n'en troublera pas.

Dans la circonstance présente, il ne s'agit que d'un simple citoyen isolé et prenant une initiative. Ce citoyen sait que la révolution française lui a conquis le droit inaliénable et imprescriptible d'exprimer sa pensée au moyen du livre, de la brochure et du journal. Désire-t-il publier un livre ou une brochure, il n'a

besoin d'aucune autorisation, il n'est soumis qu'aux exigences des imprimeurs et des édi-teurs brevetés et assermentés, au dépôt, à l'enregistrement et à l'estampillage du bureau de la librairie ; en certains cas, au timbre et au dépôt au parquet, enfin aux appréciations des tribunaux correctionnels. Mais, pour que l'expression de ses opinions puisse être pé-riodique, collective, et revêtir la forme d'un journal, — eût-il d'avance accumulé les élé-ments indispensables au dépôt du cautionne-ment, à l'acquittement des droits du timbre ; fût-il prêt à suivre toutes les prescriptions lé-gales, à s'exposer aux actions judiciaires, aux avertissements et suppressions par voie ad-ministrative, — il lui faut encore, et avant tout, avoir obtenu du Ministre de l'Intérieur *le privilége de se soumettre à la loi.*

Du moment donc, Monsieur le Ministre, où vous engagez, où vous excitez tous les bons Français à penser franchement et à librement faire imprimer ce qu'ils pensent, sous la seule réserve de ne point nier le gouvernement éta-bli, — réserve faite sous tous les régimes pré-cédents, la République exceptée, — tout Fran-çais qui se sent capable de tenir une plume

et d'écrire quelque chose d'utile à ses conci-
toyens, peut, doit réclamer de Votre Excellence le premier des moyens indispensables à
la réalisation de vos désirs.

Je n'hésite pas à le confesser, personnellement j'eusse préféré de beaucoup n'avoir à
solliciter aucun privilége, et je m'estimerais
heureux de pouvoir fonder LA NATION sans
être contraint à vous importuner, Monsieur
le Ministre. Cependant, fidèle à tous les principes de 1789, je sais me soumettre aux lois
mêmes que ma conscience répute imparfaites,
car j'en puis poursuivre la correction par
devant le peuple souverain et ses représen-
tants. Voilà pourquoi, n'ayant pas l'usage du
droit commun en matière de presse, je me
trouve réduit au rôle de solliciteur.

Ainsi qu'il est établi dans vos circulaires,
Monsieur le Ministre, votre administration
entend rester maîtresse de la naissance, de la
vie et de la mort des journaux. Mais vous,
vous avez déclaré ne point vouloir user du
pouvoir *discrétionnaire*, *exceptionnel*, dont
votre administration dispose. Bien plus;
vous avez dit que, *soumis aux lois constitutives
de notre société*, et *respectant la volonté na-*

tionale, nous autres publicistes, nous pou-vons nous considérer comme *jouissant*, *de fait et de droit, de la liberté de la presse, la loi des avertissements* devenant elle-même *une lettre morte.* D'où il suit que, dès le len-demain du jour où vous vous êtes si clairement prononcé, les journaux existants ont dû consi-dérer comme diminués leurs risques de mort, et comme élargies leurs conditions d'existence. D'où il paraîtrait devoir suivre aussi que la presse, en général, a été naturellement portée à croire que l'administration, bienveillante, libérale, équitable, ne lui refuserait point la permission de se multiplier. Et cela d'autant mieux que, s'il est nécessaire, comme vous le pensez personnellement, Monsieur le Minis-tre, que l'opinion publique soit réveillée, il est évident que les vieilles feuilles ne suffisent pas à cette œuvre, et que, pour redevenir ce qu'elle fut, — la première du monde, — la presse française a besoin qu'on lui coule dans les veines du sang, beaucoup de sang nou-veau.

A quoi bon insister sur ce que vous savez mieux que moi. Un mot encore, pourtant, un mot d'un grand historien que vous avez dû

connaître, Monsieur le Ministre, et pour lequel, je n'en doute pas, vous professez autant
d'estime que d'admiration ; j'ai nommé lord
Macaulay :

« Contre les dangers de la liberté nouvel-
lement acquise, il n'existe qu'un seul remède ; ce remède, c'est la liberté... Il est des
gens qui disent : Aucun peuple ne devrait être
libre avant d'être en état d'user de sa liberté !
Cette maxime est digne de ce fou de la fable,
qui avait résolu de ne point aller à l'eau avant
d'avoir appris à nager. S'il fallait que les
hommes attendissent la liberté jusqu'à ce
qu'ils fussent devenus sages et bons, ils pour-
raient bien attendre durant toute l'éternité. »

Si la crainte des excès de la liberté, — l'il-
lustre écrivain que je viens de citer la trouve
en tout cas exagérée, — si cette crainte devait
priver longtemps encore les Français de la
liberté absolue, vos propres paroles, Monsieur le Ministre, et les premiers actes par
lesquels vous avez signalé votre rentrée à la
direction des affaires intérieures, nous font
espérer que vous n'attendrez pas *nos preuves
de sagesse et de bonté* pour nous fournir les

moyens légaux de devenir, sinon meilleurs et plus sages, moins mauvais et moins silencieux.

Que Votre Excellence daigne agréer le très-respectueux hommage de ma considération distinguée.

Paris, ce 12 janvier 1861.

CHARLES-LOUIS CHASSIN.

———

POST-SCRIPTUM.

« Jusqu'ici, » écrit M. le ministre de l'intérieur dans le *Moniteur* du 30 janvier, en chargeant M. le préfet de police d'expulser de France *un étranger*, rédacteur en chef du *Courrier du dimanche*, « jusqu'ici convaincu » que *la liberté de discuter les actes de l'au-* » *torité est aussi utile au gouvernement* » *qu'au public*, et fortifié dans cette convic- » tion par l'attitude même de la presse, de- » puis deux mois, je n'ai cessé, comme vous » le savez, conformément aux principes ex- » posés dans ma circulaire du 7 décembre,

» d'écarter les obstacles qui pouvaient tendre
» dans la pratique à restreindre cette liberté. »

Par conséquent, quoique un avertissement ait été donné à un journal, quoique une mesure très rigoureuse ait été prise contre un journaliste, il ne m'est pas permis de supposer que nulle *extension* de la liberté de la presse, au moyen de la création de nouveaux organes de l'opinion publique, ne sera désormais autorisée.

Cependant, si M. Nefftzer a été gratifié d'une réponse favorable, si M. E. Ollivier en a reçu une toute contraire, beaucoup d'autres citoyens restent dans l'incertitude. L'administration doit-elle prolonger indéfiniment des espérances qu'elle a elle-même éveillées ? Peut-elle même les laisser s'évanouir au hasard ?

La France est un pays trop sérieux pour que le doute soit possible.

Paris.— Imp. de E. Brière, rue Saint-Honoré, 257.

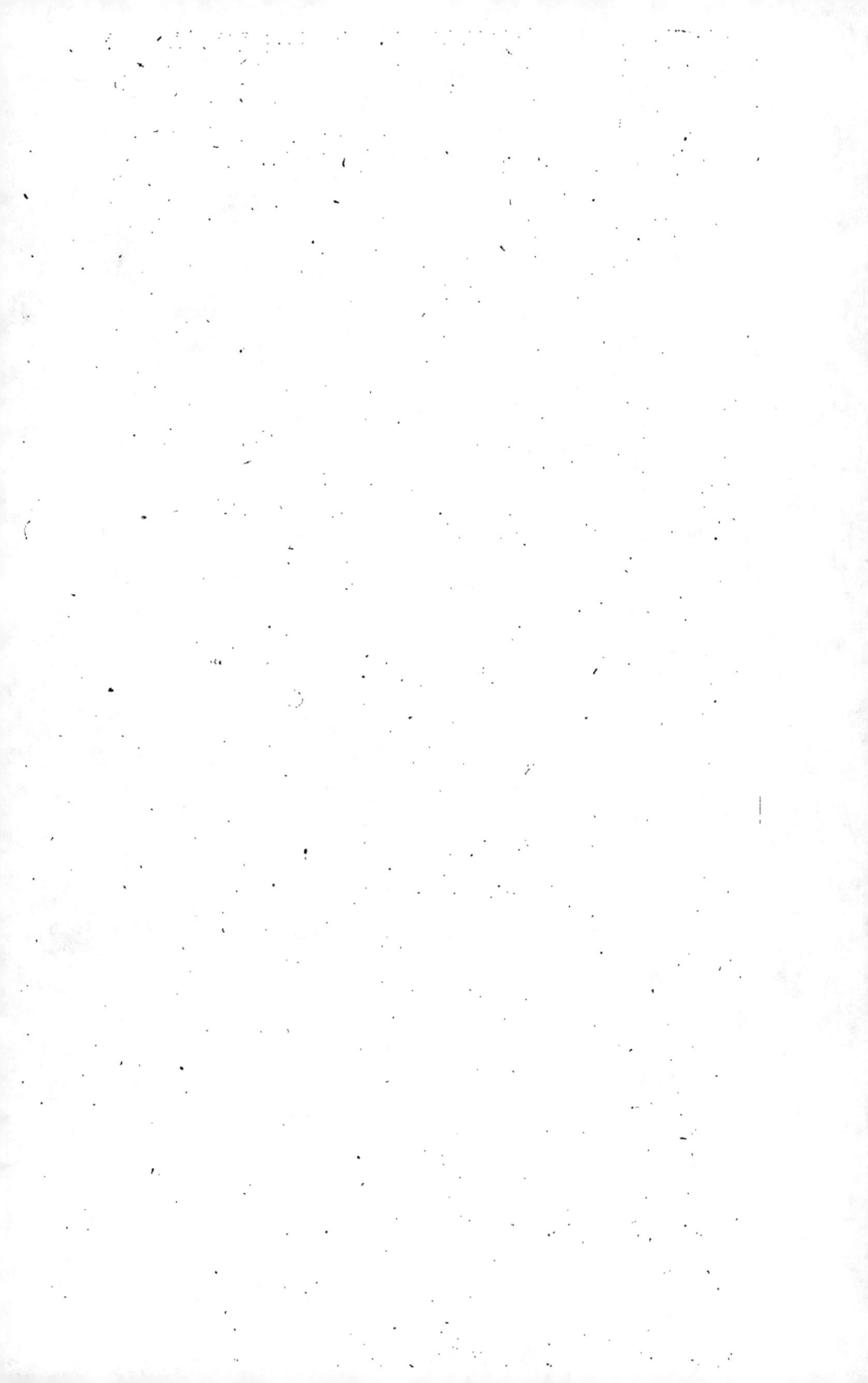

www.ingramcontent.com/pod-product-compliance
Lightning Source LLC
Chambersburg PA
CBHW060816280326
41934CB00010B/2708